Edwin Gerard Hamamdjian

L'ARMÉNIEN
d'Acabi

Dictons et expressions familières
en ancien arménien occidental

Illustrations
Nadia Brugnara

TABLE DES MATIÈRES

5   Avant-propos

13   Salutations et papotage
19   Le corps et ses membres
33   Quelques aliments souvent mentionnés
45   Plaisanteries et commentaires désobligeants
63   Demandes et injonctions
77   Description des personnes et des personnalités
83   Description d'événements
99   États physiques et psychologiques
115   Noms des lieux ou d'objets inanimés
125   Plaintes
143   Interjections
151   Termes d'affection

157   Guide de prononciation
163   Remerciements

AVANT-PROPOS

« *Considérer le turc comme un polluant et tenter d'éliminer toute trace de cette langue dans l'arménien familier, c'est ignorer la lignée historique du peuple arménien.* »

Jennifer Manoukian,
dans *L'héritage du turc dans la diaspora arménienne*

Pourquoi ce livre?

Ce lexique n'est pas un manuel pédagogique destiné aux étudiants souhaitant apprendre l'arménien occidental moderne, ni une analyse linguistique exhaustive d'un de ses dialectes. Mon intention est de laisser une trace écrite de ce qui était autrefois une forme d'arménien familier, largement utilisée et très imagée. Il s'agit d'une sorte de mémoire linguistique, conçue pour évoquer des souvenirs, de la nostalgie, et un peu d'humour parmi ceux d'entre nous qui s'en souviennent ou le parlent encore. Pendant plusieurs mois, j'ai fouillé dans mes premiers souvenirs pour compiler les mots, expressions et dictons que j'avais entendus tout au long de mon enfance, et qui perdurent encore aujourd'hui comme de vifs échos non seulement dans mon esprit mais dans mon cœur.

Qu'est-ce que c'est? Une langue? Un dialecte? Un idiolecte?

Les linguistes différeront sûrement sur la façon de le classer. « L'arménien d'Acabi », c'est ainsi que j'ai choisi de nommer ce dialecte particulier de l'arménien occidental – la première langue que j'ai entendu parler et les premiers mots que j'ai prononcés.

Qui était Acabi?

Acabi Hamamdjian-Maurer était mon arrière-grand-mère maternelle. Née en 1882 à Constantinople, elle parlait une forme hybride de turc et d'arménien, le *Dadjgahayeren*, qui comprenait une grande partie de mots empruntés également au grec, à l'italien, au kurde, au persan, et à l'arabe. Ce parler fusionnait deux structures grammaticales totalement indépendantes, provenant de deux familles linguistiques distinctes: l'une indo-européenne (arménien) et l'autre altaïque (turc). Durant mon enfance et mon adolescence, « Nènè » Acabi était vivante et faisait partie de notre foyer, composé de ma sœur, de mes parents, de mes grands-parents (la fille et le gendre d'Acabi) et de moi-

Acabi et sa famille. Constantinople, ca. 1905

même. C'était l'arménien que nous parlions chez nous, en alternance avec le français et l'anglais.

Au fil des années, l'anglais américain est devenu la langue prédominante à la maison, et, avec son utilisation croissante, nos valeurs et perceptions ont considérablement changé. Quand j'avais seize ans, Acabi a quitté ce monde, peut-être pour continuer à discuter dans son dialecte natal de l'autre côté avec des amis et des parents perdus depuis longtemps. Lorsque j'ai atteint l'âge adulte, l'anglais avait presque complètement remplacé l'arménien à nos repas de famille. Quant à moi, j'ai eu le privilège, jusqu'à mon adolescence, d'avoir pu vivre sous le même toit avec une arrière-grand-mère présente, vive et bavarde. Cela m'a donné suffisamment d'années pour absorber pleinement les paroles, les images et les cadences musicales de son parler coloré.

Nationalisme et « légitimité » linguistique

Les membres de la diaspora qui fréquentaient les écoles arméniennes ont rapidement appris à éliminer de leur discours quotidien tous les mots d'origine étrangère. Il y avait une raison à cela.

Après avoir subi des massacres sporadiques dans l'Empire ottoman, culminant avec le génocide de 1915, le désir de l'intelligentsia arménienne de «purifier» la langue en retournant à ses racines linguistiques est tout à fait compréhensible. Depuis lors, des intellectuels arméniens bien intentionnés ont déclaré la guerre aux dialectes hybrides arméno-turcs, ou *Dadjgahayerèn*.

Les dialectes hybrides de l'arménien sont souvent appelés, en République d'Arménie, *Barbaragán Haïerèn* (« arménien barbare »), soulignant l'illégitimité de ces dialectes. Les écoles arméniennes ont enseigné l'arménien *makour* (« pur » ou « propre »), encourageant les locuteurs de dialectes illégitimes à éliminer tous les mots étrangers de leur vocabulaire et à les remplacer par des mots strictement d'origine arménienne.

La plupart des membres de la communauté immigrée arménienne à Los Angeles avant les années 1960 parlaient des dialectes arméniens *barbaragán* à la maison mais utilisaient un arménien « pur » principalement lorsqu'ils s'adressaient à un public formel. Acabi et son cercle d'amies intimes venaient d'Istanbul ou de différentes régions de l'Arménie occidentale (aujourd'hui la Turquie). Elles continuaient à utiliser les dialectes maternels de leur enfance. Bien qu'issues de régions lointaines et distinctes du plateau anatolien, elles se comprenaient facilement. Elles se prononçaient toutefois en faveur de la pureté linguistique et filtraient leur vocabulaire pour sauver la face, principalement lorsqu'elles s'adressaient à des personnes plus instruites qu'elles.

Malgré son « illégitimité » académique, le parler d'Acabi restera toujours ma toute première langue. Cet ouvrage est ma modeste tentative de la préserver d'une extinction totale. L'UNESCO a déclaré l'arménien occidental comme une langue en voie de disparition, qui ne sera bientôt plus parlée par personne. Espérons que certains de ses échos continueront à vivre et à respirer ici.

Remarque

Pour obtenir de l'aide sur la façon de prononcer les mots et les expressions répertoriés, consultez le Guide de prononciation à la fin du livre et écoutez aux fichiers audio à l'adresse suivant :

https://bit.ly/m/larmeniendacabi

ou en scannant ce QR code avec votre smartphone:

SALUTATIONS

ET

PAPOTAGE

ÏNDÓR ES?

Ինտո՞ր ես

Comment vas-tu?

La plupart des Arméniens occidentaux préfèrent de nos jours *Íntch bess ès?* pour 'Comment vas-tu?'

Ici le pronom interrogatif *indór* est dérivé du persan, *in-tôr* [روط نيا] signifiant 'ainsi.'

AGHÈG EM

Աղէկ եմ

Je vais bien

Surprise! Il y a une autre manière de dire *lav* ('bien') en notre dialecte. Bien qu'*aghèg* soit bien moins courant que son synonyme.

BAMMı-NÈ GERTANKGOR ICHTÈ
Պամ մըն է կ'երթանք կոր իշթէ
On avance, 'clopin-clopant'

'On avance, clopin-clopant', serait l'équivalent le plus proche en français. Littéralement, la phrase se traduit par 'Bref, c'est une chose, et nous avançons.'

On y détecte un parti-pris fataliste envers l'avenir, une sage acceptation du destin.

Le *ichtè* turc se traduit par 'Voilà'... 'En bref'...'En un mot.'

Ichtè s'utilise beaucoup dans l'arménien d'Acabi et se place en fin de phrase, contrairement à 'eh bien' français, qui la précède.

4

KYÖR TOPÁL GERTANK GOR, ICHTÈ

Քէօր-թօփալ կ'երթանք կոր, ի՞շտէ

Eh bien, nous avançons, aveugles et boîteux

Une autre manière de dire 'clopin clopant.'

5

HOKNÁTS TATRÁTS EM

Յոգնած դադրած եմ

Je suis éreinté, à bout de mes forces

SANK NANK

Սանք նանք

Comme-ci, comme-ça

Forme diminutive de *Asank – anank*, littéralement 'comme-ci, comme ça.'

SERSEMTSER EM!

Սերսեմցեր եմ

Je suis abasourdi!

Turc : *sersem* = 'abasourdi'
+ suffixe arménien *-tser em* = 'je suis devenu'

8

BıKHMÍCH EGHÁ!

Պըխմիշ եղայ

J'en ai eu assez!

Turc : *bıkmış* = 'malade de...'
Arménien : *eghá* = 'je devins'

LE CORPS
ET
SES MEMBRES

GLOSSAIRE

Parties du corps les plus fréquemment mentionnées dans le langage courant. Lorsque plus d'un mot apparaît, le premier est l'arménien et le deuxième et troisième mot sont empruntés au turc.

9	KLOUKH, KHAFÁ	Գլուխ, խափա.	Tête
10	KÍT	Քիթ.	Nez
11	BERÁN	Պերան.	Bouche
12	ATCHK	Աչք	Oeil
13	AGRÁ	Ակռայ	Dent
14	LEZOÚ	Լեզու	Langue
15	TSERK	Ձեռք	Main
16	MAD	Մատ	Doigt
17	TEV	Թեւ	Bras
18	MÈMÈ	մէմէ	Sein féminin
19	PORR	Փոր	Ventre
20	VORR, DIP, DIBIK	Ոռ, Տիբ, Տիպիգ	Fesses
21	GOGOVNÈR	Կոկովներ	Testicules
22	SROUNK, BAJAKH	Սրունք, պաճախ.	Jambe
23	VOTK	Ոտք	Pied

Le corps et ses membres   21

24
VRÁN YARÁ YARÁ EGHERÈ
Վրան եարա եարա եղեր է:
Il est blessé partout

Turc : *yará* = 'blesser'

Littéralement 'Sur lui, des blessure-blessure', 'Ça lui a fait mal.'

BEDK È TCHOUR TAPÈM:

Պէտք է ջուր թափեմ

J'ai besoin de déverser de l'eau

Arménien :
bedk è = 'il faut'
tchour = 'eau'
tapèm = 'je déverse'

BEDK È CHıRÈM

Պէտք է շռեմ

Il faut que 'j'arrose'

Les deux phrases signifient : 'J'ai besoin d'uriner.'

HORı KITÈN INGÈRE

Հորը գիթէն ինկեր է

Il/elle est tombé du nez de son père

Cela signifie que l'enfant ressemble totalement au père, que ce soit par son apparence ou par sa personnalité.

(Cf : « La pomme ne tombe pas loin de l'arbre. »)

TCHıGHERıS TOULTSÁN

Ձղերս թուլցան։

Mes nerfs sont relâchés

28

Indique que l'orateur a perdu toute endurance.

VOTKıT BAKNÈM!

Ոտքդ պագնեմ

J'embrasse ton pied!

29

Il s'agit encore une fois d'une préface hyperbolique à une demande de faveur, semblable à 'S'il vous plaît' ou 'Je vous en supplie'.

Sinon, l'expression peut être utilisée pour exprimer son choc ou sa surprise devant une personne ou une chose qui a dépassé les limites.

Equivalents français : 'Ma foi!' ... 'Ça alors!'

AS PIS-BOGHAZOUTYOUN È!
Աս փիս պօրագրւթիւն է
C'est de la gloutonnerie!

Arménien : *as* = 'ceci' (prononciation stambouliote de *aīs* = 'ceci')

Turc : *pis* = 'sale'

bogház = 'gorge'

Pis-boghaz-outyoun = 'gorge sale'

Le suffixe *-outyoun* en arménien nominalise les adjectifs, ou peut aussi créer un concept abstrait à partir d'une image métaphorique comme 'une gorge sale.'

Notez sa similarité du suffixe arménien *-tyoun* avec le suffixe *-tion* français ou anglais.

Lorsqu'une personne n'arrête pas de se gaver, on peut le décrire en disant: 'C'est de la gorge salie.'

KITı-BERANı KEDINı ZARGÁV!
Քիթը բերանը գետինը զարկալ
Son nez - sa bouche ont frappé le sol!

La notion du 'nez + bouche' (*kit-beran*) est une synecdoque pour le corps humain, surtout lorsqu'il s'agit d'une chute, d'un accident, d'une agression, ou d'autres formes de préjudice physique subies.

32

NEVAZIL OUNI

Նեւազիլ ունի

Il/elle est enrhumé·e

Turc : *nevazil* = 'rhume'

33

GOGOVNÈRıS OURETSOUTS!

Կոկովներս ուռեցուց

Il/elle m'a gonflé les couilles !

Désigne l'effet que l'on éprouve face à une personne qui râle sans cesse.

Variante : *Agantchnèrıs ouretzoutz!* = 'Il/elle m'a gonflé les oreilles !'

HAST KHAFÁ! (INÁT)
Հաստ խաֆա (ինադ)
Une tête épaisse (têtu·e)

Dérivé du turc *kafa*, du grec *kéfali*.
Arménien : *hast* = 'épais'

ALTıKH SIRDıS HADÁV!
Ալթըխ սիրտս հատաւ
Mon cœur s'est épuisé!

Cette expression a plus ou moins le même sens que *Bıkhmísh eghá* (voir ci-dessus), mais plutôt que de décrire le comportement d'un autre, cette phrase reflète la frustration que l'on éprouve soi-même: par exemple, le ras-le-bol de répéter à son enfant de ranger sa chambre, ou bien passer des heures à essayer d'expliquer quelque chose à un agent clientèle qui ne veut rien comprendre.

Altıkh est une variante dialectale de *artık* (turc) = 'déjà maintenant'

ANOR ANGATCH MÍ GAKHER.
Անոր անկաշ մի կախեր
Ne l'écoutez pas

Littéralement 'Ne lui accrochez pas l'oreille.'

Arménien : *angatch* = prononciation alternative d'*agantch* = 'oreille' (dialecte stambouliote)

QUELQUES ALIMENTS SOUVENT MENTIONNÉS

GLOSSAIRE

Là où apparaissent plusieurs mots, le premier est en arménien et le second en turc. J'inclus les deux, car Acabi et sa fille les utilisaient de manière interchangeable.

37	BANANESS	Պանանէս	Banane
38	PATATESS	Փաթաթէս	Pomme de terre
39	DOMATESS	Տոմադէս	Tomate
40	VAROUNK, KHIYAR	Վարունգ, Խիար	Concombre
41	HÁTS	Հաց	Pain
42	PANÍR	Պանիր	Fromage
43	ABOÚR	Ապուր	Soupe
44	TıTOÚM, KHABAKH	Դդում, խապախ	Courgette
45	SÈKH, KHAVOÚN	Սեխ, խավուն	Melon
46	TSMEROÚK, KHARPOÚZ	Ձմերուկ, խարբուզ	Pastèque
47	KHAVOGH (KHAGHOGH)	Խավող (խաղող)	Raisins
48	MÍS	Միս	Viande
49	HAVGÍT	Հավկիթ	Oeuf(s)
50	MAKHARNÁ	Մախառնա	Pâtes
51	TEÏ, TCHAÏ	Թէյ, չայ	Thé
52	SOURDJ, KHAKHVÈ	Սուրճ, խախվէ	Café

Quelques aliments souvent mentionnés

BANÍR-HATS

պանիր-հաց

Fromage-pain

Les deux allaient ensemble comme collation fréquente. Il n'était pas nécessaire de les relier par 'et.' Souvent, le mot *pıshır* était ajouté pour indiquer une petite portion, un 'tantinet,' d'où l'expression *pıshır mı banir-hats*: 'un tout petit peu de fromage et de pain.'

'FıSHıR-FıSHıR' MAKHARNÁ

Ֆրշըր Ֆրշըր մախարնա

Spaghettis 'grésillants'

L'influence italienne était très forte à Constantinople et les pâtes constituaient un élément important de notre alimentation, surtout après l'arrivée aux États-Unis. L'adjectif turc *fışır fışır*, traduit par 'crépitant' ou 'grésillant', s'utilise ici pour décrire le son produit par des pâtes jetées dans une poêle lorsqu'elles sont réchauffées pour une collation de fin de soirée. Acabi, ses enfants et petits-enfants, (c'est-à-dire nous tous) prenions grand plaisir à consommer une assiette de pâtes chaudes avant de dormir. Qu'on veuille le croire ou non, cela nous aidait à mieux dormir.

55
KHıRT PıRT ; KHıVıR ZıVıR
Խըրթ-փըրթ, խըվըր-զըվըր
Un peu de ci, un peu de ça; de bric et de broc

Les fois où un dîner important n'était pas prévu, la famille se contentait des divers restes et friandises. Acabi disait : « Ce soir on mange des *khırt-pırt*. »

Autre variante était « Il ne nous reste que des *khıvır zıvır* pour ce soir. »

(Une variante sur le même thème était *daktsour pagtsour*, traduit par 'Réchauffe-ça et colle-le dans leur assiette.')

Lorsque des personnes inattendues se présentaient à l'heure du déjeuner ou du dîner et qu'il n'y avait pas assez pour tout le monde, nous réchauffions ce qui restait dans le frigo pour arriver à nourrir tout le monde. Tout au long de mon enfance, (et bien avant l'époque des livraisons à domicile), il y avait un flux continu de relations arméniennes qui venaient de s'installer en Californie et qui finissaient par se retrouver chez nous. Le plus souvent c'étaient les neveux, nièces, ou cousins des parents ou des grands-parents. Certains se sont hébergés dans notre maison pendant des mois, voire des années, juste le temps pour apprendre l'anglais, faire des études supérieures, régler leurs papiers, et enfin se caser et partir faire leur vie. Comme on était rarement moins de sept à table, les dîners '*khıvır zıvır*' étaient fréquents.

56

KıTıR HÁTS

Քրթըր հաց

Pain craquelé

L'onomatopée *kıtır* fait référence au son croustillant que l'on fait en mordant dans un cracker ou une croûte de pain sec. On trouvait toujours des gressins et des morceaux croustillants de pita séchée, ou d'*ak-mak*, dans la cuisine d'Acabi. Ils nous fournissaient des glucides supplémentaires quand il fallait se contenter de *khıvır zıvır*.

BAGHADZABOUR

պաղածպուր

'Soupe froide'

Qualifier une personne de 'soupe froide' signifie simplement qu'elle est ennuyeuse et sans éclat.

58. KHABAKH-I HÁMM GOUDÁS GOR!
Խապախի համ կուտաս կոր
Tu y donnes le goût de la courgette!

Une plainte fréquente contre une personne qui répète sans cesse les mêmes propos ou bien qui s'étend sans fin sur un même sujet.

La remarque est destinée à faire taire le locuteur, en lui rappelant que rien n'est plus ennuyeux que le goût de la courgette !

Turc : *khabakh* = 'courgette'

Arménien : *hámm* = 'gout'

goudas-gor = 'tu donnes'

Il existe aussi le mot arménien *tıtoom* = 'courgette.'

Comme pour la plupart de ces expressions, on peut utiliser l'équivalent arménien : *Tıtoom-i ham goodas-gor.*

On ne peut s'empêcher de rappeler la célèbre phrase d'Oscar Wilde:

« En essayant d'épuiser le sujet de son discours, il finissait toujours par épuiser ses auditeurs. »

PLAISANTERIES ET COMMENTAIRES DÉSOBLIGEANTS

...et il y en a plein!

De nombreuses remarques désobligeantes dans l'arménien d'Acabi se terminent par la phrase: BAM-Mı-NÈ

Bam-mı-nè est la variante de *pan-mı-nè* dans le

> **BAM-Mı-NÈ**
>
> Պամ մըն է
>
> ...est une chose

parler d'Acabi.

pan = 'chose,' suivi de *mı* = l'article indéfini 'un(e)' donne 'une chose' ou 'quelque chose.' (Les articles définis et indéfinis suivent toujours le nom en arménien occidental.)

Lorsqu'il est placé après un nom ou un adjectif, *bam-mı-nè* se traduit au mieux par « C'est quelqu'un de... » et se prononce comme un seul mot.

Voici quelques exemples:

KHAYıRSıZ BAM-Mı-NÈ 60

Խայըրսըզ պամ մըն է

C'est une espèce de culotté·e.

ZAVALı BAM-Mı-NÈ 61

Զաւալը պամ մըն է

C'est un·e pauvre malheureux·se.

KHEGHJU GOURAK BAM-Mı-NÈ 62

Խեղճ-կրակ պամ մըն է:

C'est un·e pauvre minable.

Littéralement 'une pauvre chose aveugle' car *gurak* signifie 'aveugle' au sens figuré d'une personne incapable de voir à quel point elle est minable.

63
HANÁDZ VARÁDZ BAM-Mı-NÈ
Հանած-վարած պամ մըն է
Il/elle a bien 'traîné sa bosse.'

L'équivalent français serait « …quelqu'un qui a 'fait le tour' » mais la traduction littérale est 'quelqu'un qui s'est détaché et enflammé.'

Arménien : *hanadz* = 'enlevé, detaché'

varadz = 'allumé, enflammé'

Une manière de jeter le discrédit sur le passé de quelqu'un, en suggérant des déboires sensuels et d'autres actions d'une moralité douteuse.

Variante :
ARADZ KATSADZ BAM-Mı-NÈ
Առած-գացած պամ մըն է

64
KHAKHALOZ BAM-Mı-NÈ
Խախալող պամ մըն է
C'est un simple d'esprit

L'arménien d'Acabi

BAMMı-NAL TCHI-HASKıNAR

Պամ մըն ալ չի հասկնար

Il ne comprend que dalle.

Traduction littéraire : 'Une chose (même), il ne la comprend pas.'

SOURATSıZ MEK NÈ

Սուրաթսզ մէկն է

Il/elle est hargneux·se

Turc : *surat* = 'visage'

+ suffixe *-siz* = 'sans'

Une personne 'sans visage' serait quelqu'un de renfrogné, qui se soucie peu de comment les autres le perçoivent.

KHIYÁKH BAN!
Խրյախ պան
Quelle chose extraordinaire!

Khiyakh! Cet adjectif qualifie quelque chose de génial ou d'extraordinaire. Dans le parler d'Acabi, il était presque toujours utilisé de manière ironique. En fait, dans la famille, on l'utilisait toujours pour couper l'herbe sous le pied de quelqu'un.

Exemple :
SÖZDÈ 'KHIYÁKH' YERKDJOUHI È!
Սէօզտէ խրյախ երգչուհի է
Elle est censée être une cantatrice extraordinaire! ('Elle est tout sauf ça!')

Turc : *sõzdè* = 'supposément'
Arménien : *yerkdjouhi* = 'cantatrice'

ÁMMA ıRÍR AH!
Ա՛մմայ ըրիր այ:
N'exagérons rien!

Littéralement : 'Comme tu as fait!'

Turc : *amma* = 'mais' est utilisé ici pour signifier 'comme' ou 'comment'

Arménien : *ırír* = 'tu as fait'

Ah! est une abbréviation de *Ya!* particule d'emphase largement utilisée à la fin d'une phrase.

Ah! et *Ya!* ne sont jamais accentuées à l'oral. L'accent est placé sur la syllabe qui précède immédiatement la particule: *ırir ah!*

Pour mettre l'emphase sur le sentiment de choc ou de surprise, le *amma* ('mais') est accentué sur la première syllabe.

Cette expression est utilisée pour informer quelqu'un qu'il/elle exagère grossièrement.

Exemple. Artur : « Tu étais sur ton téléphone pendant une heure avec Ani! »

Léa : « Une HEURE?? *Amma ırír ah!* ...à peine dix minutes! »

69

TSıNTER È

Ցնդեր է

Il/elle souffre de démence

70

SATKÍ NÈ HÓKıS CHÈ!

Սաղկի նէ hոգս չէ

...il peut mourir, je m'en fiche!

KHELATSÍ GARABED! [71]
Խելացի Կարապետ
Le malin Garabed

Khelatsí = 'intelligent; malin'
Garabed = prénom masculin

'Le malin Garabed' ou 'l'intelligent Garabed' sous-entend que la personne visée est exactement le contraire d'intelligent.

SARSÁKH MOUSTAFÁ! [72]
Սարսախ մուսթաֆա
Moustafa l'abruti!

Sarsákh = 'abruti'

On traite une personne (ou souvent soi-même) de *Sarsákh Moustafá* quand on perd patience avec son inaptitude ou son incapacité de comprendre.

ASÓR HIYÉTı NAYÈ
Ասոր հիյէթը նայէ
Regardez sa tenue

Asor = 'de celui-ci, de celle-ci' (dialecte d'Istanbul)

(cf. *anor* = 'de celui-là, de celle-là')

HASAGÎN TCHAP LEZOU OUNÍ.
Հասագին չափ լեզու ունի
Sa langue est aussi grande que son corps

Désigne quelqu'un qui n'arrive jamais à se taire, ni à garder un secret.

75

BITCHIMSÍZ!

Պիչմսիզ,

Négligé·e, malpropre

76

BITCHIMSÍZ MEK-NÈ.

Պիչմսիզ մէգն է

C'est quelqu'un de qui s'est laissé aller, sans aucun style.

Turc : *biçim-siz* = 'sans forme ; amorphe'

Variante : *bitchim chalım* Պիչմ չալըմ

Les deux commentaires s'appliquent à une personne qui néglige totalement son apparence.

KALVÁTSKı NAYÈ !

Քալուածքը նայէ:

Regardez comme il/elle marche !

GOVÍ BES VORı Gı KHAGHTSOUNÈ-GOR !

կովի պէս որը կը խաղցունէ կոր

Il/elle se déplace comme l'arrière-train d'une vache !

C'est-à-dire marcher lentement et péniblement, chaque fesse montant et descendant comme une balançoire.

79

AD GNIGı MEES OUDOGH È, HEROU GETSEK!

Ատ կնիկը մis ուտող է, հեռու կեցէք

Cette femme est une commère. Garde tes distances!

Mees oudogh = 'mangeuse de chair'

KHAZıKHÍ BES METCHDÈGH ELÁV!

Խազըխի պես մէջտեղ էլաւ

Il/elle est apparu soudain parmi nous comme un bâton planté dans le sol !

Le mot turc *kazık* signifie 'piquet'. L'image est celle d'un bâton solidement ancré dans le sol et qui ne bouge plus.

Arménien : *metchdègh* signifie 'au milieu,' et *èláv* dans ce contexte se traduirait par 'est sorti.'

Une traduction purement littérale serait 'Comme un piquet dans le sol, il/elle est sorti·e au milieu de nous.' Cela s'applique à une personne dont l'apparition soudaine n'était pas particulièrement souhaitée.

KAKNÈM SOURAT-NÍN!

Քակնեմ սուրաթնին

Puis-je leur chier au visage!

Une expression de colère exacerbée.

Turc : *surat* = 'visage'

Arménien : *-nín* => suffixe possessif de la 3e personne du pluriel

ZEVZÈK!
Զեվզեկ
Sot !

ABOUCHÍN MEK-NÈ
Ապուշին մեկն է
C'est un de ces imbéciles

Abouch-ín = 'des imbéciles'
Mek-nè {megı nè} = 'il en est un'

DEMANDES
ET
INJONCTIONS

INDZÍ KHADEKH Mı CHOOR BER
Ինծի խատէխ մը չուր պեր
Apporte-moi un verre d'eau.

Khadekh, de l'arabe *qadeh* (قدح) signifie 'coupe' ou 'récipient'.

Ce mot d'origine sémite est utilisé dans les dialectes du sud-est de l'Anatolie.

VAZ ANTSÍR

Վազ անցիր:

Laisse tomber!

Du turc *vaz geçmek* = 'abandonner, laisser tomber'

KHNTREM GÁRDJ GABÈ!

Խնդրեմ կարճ կապէ:

S'il vous plaît, soyez bref!

Arménien :

khıntrem = 's'il vous plaît'

gardj = 'court'

gabè! = 'coupe!'

DZOUR ՆıSTÈ, SHIDAK KHOSÈ!
Ծուռ նստե, շիտակ խօսե
Assieds-toi de travers, mais parle droit

Une demande à quelqu'un d'arrêter de tourner autour du pot et de parler honnêtement et directement.

HAMMÓV HODÓV GÉR! 88

Համով հոտով կե՛ր

Bon appétit!

Hamm-ov = 'Avec goût'
Hod-ov = 'Avec arôme, odeur'
Littéralement « Mangez avec goût et arôme! »

KHENT ES-NÈ 'KHENT EM'-ıSÈ! 89

Խենթ ես նէ խենթ եմ ըսէ

Si tu es fou, dis 'je suis fou'

Khent = 'fou'
Nè = 'si...'
En arménien, la conjonction adverbiale 'Si' suit la proposition qu'elle modifie :
Khent es nè... = 'Si tu es fou'
Une traduction mot-à-mot donnerait « Tu es fou - si... 'je suis fou' - dis!»

CHÍSHıT ıRÈ GNA BARGÈ!
Չիշդ ըրէ գնա պառկէ
Fais ton pipi et ensuite au lit!

Cet ordre péremptoire pour rappeler à l'enfant qu'il est largement passé l'heure de se coucher n'est jamais sorti de la bouche d'Acabi, ni d'aucune dame polie. C'était plutôt un truc de papa.

MEZI MASAL MÍ BATMER!

Մեզի մասալ մի պաղմեր

Arrête de nous raconter des contes de fées!

Lorsqu'un parent soupçonne que son enfant ment, cette revendication confirme son incrédulité. Elle s'applique également à des adultes, surtout quand quelqu'un cherche à se justifier à tort.

Lorsque la tension monte lors d'une discussion prolongée, cette expression succède souvent à son antécédent *Dzour nıstink shidak khosink*. (voir #87)

TOGH KEDÍNı ANTSNÍ!
Թող գետինը անցնի
Qu'il passe sous terre!

Une malédiction haineuse contre une personne à qui l'on souhaite la mort.

ARABANÍS KACHÈNK?

Արապանիս քաշե՞նք

On sort la calèche?

Turc : *araba* = 'voiture, charrette'

Arménien : suffixe possessif *-nís* = 'notre '

Après une longue visite chez des amis, c'était toujours Papa qui avait envie le premier de prendre congé, alors il regardait sa montre puis chuchotait à maman : 'On sort la calèche?'

Demandes et injonctions

MÈGı AR MIOUSÍN ZARK!
Մէկը առ միւսին զարկ
Prends-en un pour cogner sur l'autre !

Lorsqu'il faut choisir entre deux individus insupportables, cette expression est employée comme une insulte double. Les deux sont nuls, alors prends l'un et frappe-le contre l'autre !

Ce geste peut s'appliquer, par exemple, à deux soupirants, à deux comédiens médiocres, à deux profs inaptes, à deux mauvais élèves, et pourquoi pas à deux candidats présidentiels ?

Variante :
Mègı ar mègalín zark!

J'ai souvent entendu substituer la variante *mègál* à la place de *mious* en arménien, pour signifier 'autre.'

AS KEZI GÖRÈ BAN TCHÈ!

Ա՛ս քեզի կէօրէ պան չէ

Cela ne vous concerne pas.

Arménien : *as* = 'ceci' (prononciation arménienne stambouliote de *aïs*)

Turc : *göre* = 'concernant'

Traduction littérale mot-à-mot : 'Ceci, vous-concernant-chose, n'est pas.'

Remarquez la syntaxe turcophone dans la phrase nominale *kezi gōre ban* ('vous-concernant-chose') au lieu de 'chose qui vous concerne.'

Variante:

Aïs banı kou kordzıt tchè

այս պանը քու գործը չէ

Ce n'est pas votre affaire.

Arménien : *kordz* = 'travail'

ASI CH'ıLLAR!

Ասի (ասիկա) չըլլար

Ça (cela) ne se fait pas!

Pour exprimer son opposition à une action ou à une situation.

TCHAPı MI ANTSOUNÈR!

Չափը մի անցուներ

N'en fais pas trop!

Autrement dit : 'Hé, on se calme !'

Il s'agit d'un appel à limiter les excès de gourmandise, de buverie, d'effort physique, de travail, de passion, de tapage, et tout autre débordement éventuel.

DESCRIPTION DES PERSONNES
ET DES
PERSONNALITÉS

CHENK CHNORKOV ERIK-MART È

Շէնք շնորքով էրիքմարդ է

C'est un gentleman honnête
et bien élevé.

Arménien : *erik* = 'mâle'

mart = 'personne, homme'

Chacun a ses propres critères pour mesurer la valeur d'une personne. Traiter un monsieur de *chenk chnorkhov* peut être perçu par certains comme un compliment, indiquant quelqu'un de sérieux et de responsable, le futur gendre idéal, quoi; alors que pour d'autres, l'etiquette suggère quelqu'un de profondément ennuyeux et sans fantaisie.

> ## 'ANKHIYEREN' Gı KHOSÍ.
> ## Անխիերէն կը խօսի։
> Il parle anglais.

En arménien, 'la langue anglaise' s'écrit et se prononce *anKLErèn*, mais Acabi utilisait souvent la curieuse variante *anKHIyerèn*.

MÍS OUDOGH EN!

Միս ուտող են

Ces gens sont des commères!

Littéralement: 'Ce sont des mangeurs de chair.'
Parler de quelqu'un dans son dos vaut, au sens figuré, manger sa chair.

BABÁT VıRÁN LIMÓN Gı CAMÈ!
Պապադ վրան լիմոն կը քամէ
Ton père peut presser du citron sur lui!

Les enfants comparent souvent leurs parents à ceux des autres enfants, et si les autres parents semblent plus forts, plus intelligents, plus beaux, plus riches, ou moins gros, ils ont honte des leurs. Presser du citron sur quelqu'un dénote une supériorité. Si vous dites à un petit garçon que son père peut presser du citron sur le père de son copain, cela restaure la fierté dans le cœur de l'enfant.

102 ARATCH TOGH VARDIKı GABÈ!
Առաջ թող վարտիքը կապէ
Qu'il apprenne d'abord à attacher sa culotte!

Se dit d'un jeune un peu trop sûr de lui et qui cherche à donner des leçons de vie à ses aînés. En règle générale, la culture arménienne traditionnelle désapprouve les jeunes qui tentent de se mettre en valeur et de faire étalage de leurs connaissances limitées.

DESCRIPTION D'ÉVÉNEMENTS

103

PAT-KÜT!

Փաթ-քիւթ

Bim-Bam!

(Onomatopée des bruits de fracas)

Pat-Küt! est une contraction du turc: *paldır-küldür* = 'la tête la première'

Cette onomatopée imite le bruit produit par des objets qui se heurtent les uns contre les autres. Il peut également s'agir de casseroles et de poêles.

104

TCHÁKH-DEÍ!

Չախ տէյի

Pif-Paf!

(Onomatopée pour une claque)

Celle-ci évoque une claque au visage:

'*Tchákh-deí*, il lui a fichu une paire de claques!'

KITı-BERANı MEKAT Mı PAGTSOUTSÍ!

Քիթը պերանը մէքատ մը փակցուցի

Je lui en ai collé un sur le nez et la bouche!

Encore une fois, cela décrit l'action de gifler ou de porter un coup de poing violent sur quelqu'un.

Arménien :

pagtsounel = 'coller'

pagtsoutsí = 'j'ai collé' (prétérit)

'Nez-bouche' (*kitı-beranı*) sont associés pour indiquer le visage entier. (Cf. Item #31)

Lorsqu'une personne tombe ou reçoit un coup de poing sur le visage, cette expression composée souligne la force de l'impact.

ÍNTCH SOSKALI MARIFETNÈR GıNEGOR!

Սոսզալի մարիֆէթներ կ'ընէ կոր

Quels exploits incroyables il/elle accomplit!

Je ne sais pas ce qui m'a poussé à inclure cette phrase. Le mot turc *marifèt* m'a toujours fasciné. La traduction Google du mot est 'ingéniosité', mais dans l'arménien d'Acabi, *marifèt* désignait plutôt des prouesses physiques, comme la gymnastique ou les sauts périlleux.

ÍNTCH AGHVOR PIANO GI-TCHALÈ

Ինչ աղուոր փիանօ կը չալէ

Comme il/elle joue bien du piano

En arménien, le mot juste pour jouer d'un instrument est *nıvakel*. Mais mon arrière grand-mère chérie préférait le verbe *tchalel*, qui provient du turc *çalmak* = 'jouer.'

En 'bon' arménien on dirait plutôt *Intch aghvor tashnak gı-nıvakè*.

> 108
> ## LıMıNTSÁV-GıNÁTS!
> ### Լմնցաւ կնաց
> C'est bon, c'est fait!

Littéralement, l'expression dit 'C'est terminé et parti ailleurs.'

(Parti vers le passé, peut-être?)

SA BANı VOURDEKHÈN METCHDÈGH (ORTÁN) ELÁV?
Սա պանը վուրտեխէ՞ն մէջտեղ (օրթան) էլաւ

D'où elle est sortie celle-là?

Traduction littérale: 'Cette chose ou cette personne/ de quel endroit?/ au milieu de nous/ elle est sortie?'

Cette phrase est pleine de variations régionales de prononciation:

Arménien :

sa est une variante dialectale de *ays* = 'cette'

sa banı = 'cette chose'

vourdekhèn? variante dialectale pour *vor deghèn?* = 'd'où?'

èlav pour *yèlav*, le prétérit de *yellel* = 'monter, sortir'

metchdègh = 'au milieu' peut également être remplacé par le mot turc *ortá* = 'milieu,' auquel l'article défini arménien *-n* est ajouté, ce qui nous donne *ortán* = 'le milieu.'

OURÈ-NÈ, BIDI KAN
Ուր է նէ պիտի գան
Ils vont arriver d'ici peu

Arménien : *ourè-nè* = 'où que ce soit' indique la proximité dans le temps.

Littéralement : 'Où qu'ils soient, ils vont arriver.'

Ici, 'Où qu'ils soient' désigne la temporalité plutôt que le lieu, dans le sens de 'Où que soit l'heure.'

Par exemple l'on dirait à un enfant : *Ourè-nè bidi meznás* = 'Bientôt tu seras grand.'

DA'Á OUR-ÈS?

Տահա ն՚իրես

Tu en es encore loin!

Littéralement : 'Tu es encore où?'

Turc : *daha*, /da'á/ = 'encore'

Arménien : *our-ès?* = 'où es-tu?'

Avec cette question rhétorique qui a le sens contraire de 'ourè-nè,' Acabi me rappelait que j'étais encore un enfant et que j'avais encore un long chemin devant moi avant d'avoir à choisir mon épouse, mon métier, ou le modèle de ma première voiture.

Lorsqu'il est utilisé à la 3e personne du singulier : *Da'á our-è?* peut aussi faire allusion à tout ce qui nécessite encore du temps pour être achevé.

Exemple :

Question : « Pensez-vous que la dinde soit cuite? »

Réponse : « *Da'a our-è?* Elle nécessite au moins une heure de plus pour être cuite! »

AMÈN DÈGH TAPTıPEL È

Ամեն տեղ թափթփելէ

Ça s'est renversé partout.

L'arménien d'Acabi joue avec les verbes en insérant au hasard des syllabes à l'intérieur du mot. Par exemple, le verbe *tapel* ('renverser') devient *taptıpel* ce qui souligne l'aspect bordélique du déversement.

Ainsi, *Sourdj-ı tapets* ('Il a renversé le café') devient *Sourdj-ı taptıpets* = 'Il a renversé le café partout.'

Amèn dègh = 'partout'

De même, vous pouvez embellir d'autres verbes pour en modifier le sens. Par exemple, *shıdkel* ('réparer') devient *shıdkırdel* (réparer hâtivement), lorsque le travail effectué est un peu bâclé.

Noter bien qu'il existe un processus linguistique similaire en français :

'trafiquer quelque chose' => 'traficoter quelque chose'

AMAN, VAKHıS INTCH ÈR?
Ամա՛ն Վախս ի՞նչ էր
Oh, j'ai eu peur!

Vakhıs = 'ma peur'

Littéralement, 'Quelle était ma peur?' autrement dit 'Qu'est-ce qui m'a fait sursauter comme ça?'

Souvent, chez les gens d'un certain âge, il s'agit d'une exclamation courante. C'est une réaction spontanée lorsqu'ils sont accidentellement surpris par quelqu'un dans le noir, lorsqu'un coup de vent fait claquer la porte, ou bien quand un chat leur saute soudain sur les genoux.

Par ailleurs, l'on entend rarement cette exclamation sortir de la bouche d'un monsieur, de peur d'être pris pour une mauviette. Dans le monde d'Acabi, un 'vrai homme' ne doit pas montrer son *vakh* ('peur') devant les petites surprises et les sursauts inattendus de la vie.

114

BIRDÈN BIRÈ... Պիրտէն պիրէ

MEGENI MEK... մէկէն ի մէկ

Tout d'un coup...

La première phrase est turque et signifie littéralement 'De un à un.'

Turc : *bir* = 'un'

La deuxième version est arménienne et signifie également 'De un à un.'

Arménien : *mek* = 'un'

Acabi employait les deux versions pour décrire la brusque occurrence d'un événement.

115

VıRT DEYI...

Վրրդ տեյի

En un clin d'œil...

Ou 'Dans une agitation.'

Quelque chose fait soudainement est fait en turc 'dans un *virt*' = 'buzz ; agitation'

INDZI DJÈHENEM-ÍN BOUDJAKHı DARAV!

Ինծի ճեհենեմին պուճախը տարաւ

Il/elle m'a emmené au bout de l'enfer!

Une plainte courante lorsqu'on est entraîné dans un voyage sans fin.

La phrase peut également designer « Il/elle m'a emmené dans une course folle. »

Turc : *jehenem* = 'enfer'; *boudjak* = 'coin'

Arménien : *daráv* est la forme prétérite de la 3ème personne singulier du verbe *danel* = 'emmener'

Description d'événements

117
EÏLENDJÈ OUNETSANK
Էյլէնճէ ունեցանք
Nous nous sommes bien amusés

Turc : *eylence {eïlendjè}* = 'amusement'

118
CH'È MI?
Չէ՞ մի
N'est-ce pas?

Arménien : *ch'è* = 'n'est pas'

Turc : *mi* = particule placée à la fin d'une phrase pour la rendre interrogative.

Il y a ensuite la question opposée:

È MI? Է՞ մի Est-ce que c'est vrai?

ORDOU HANÈTS

Օրտու համեց

Il/elle a fait un boucan

Littéralement: 'Il/elle a monté une armée.'
Turc : *ordu* = 'armée'

MADÈRıS HÈDı GERÁ!
Մատերս հետը կերայ
J'ai mangé mes doigts avec!

Pour féliciter quelqu'un pour son excellente cuisine.

ÉTATS PHYSIQUES ET PSYCHOLOGIQUES

KHıKHTıVÍM BIDI!
Խխդուիմ պիտի Մեռնիմ պիտի
Je vais m'étouffer !

En arménien occidental, la particule du futur *bidi*, placée normalement avant le verbe, modifie subtilement le sous-texte, lorsqu'elle suit le verbe conjugué.

Lorsqu'elle est placée avant le verbe, comme dans *bidi bargím* ('je vais me coucher') l'action se situe dans le futur, mais si *bidi* est placée après le verbe, *bargím bidi*, cela souligne l'immédiateté de l'action, c'est-à-dire que le locuteur va se coucher à l'instant même.

MERNÍM BIDI!
Մեռնիմ պիտի
Je suis sur le point de mourir!

Une hyperbole habituelle qui témoigne que le locuteur a atteint sa limite de fatigue et de stress… ou bien qu'il va mourir de rire!

> ### TCHOURÈROUN METCH'N È!
> ### Ջուրերուն մէջն է
> Il/elle est 'dans les eaux'

Indique que quelqu'un est dégoulinant de sueur. Je me souviens de toutes les fois en plein été, lorsque je rentrais à la maison tout mouillé après quelques heures de course et de jeux intenses avec mes copains, Acabi me criait d'aller me changer immédiatement! 'Mets une chemise propre! *Tchoureroun metch'n ès*! Tu es dans les eaux.'

DAMARıS BıRNETS

Տամարս բռնեց

J'ai perdu mon sang-froid

Littéralement, 'Ma veine a pris le dessus.'
Turc : *damar* = 'veine'

KHıRS ELÁ

Խըրս ելայ

Je me suis mis en colère.

TCHÈM KIDÈR INTCH / BILMÈM-NÈ

Չեմ գիտեր ինչ / պիլմեմնէ

Je n'en ai aucune idée.

Ici la phrase, 'Je ne sais plus' ou tout simplement 'J'sais plus' sert de formule de remplissage lors d'un trou de mémoire.

Les deux mots, la première *intch*, en arménien, la seconde *nè*, en turc, veulent dire la même chose : 'quoi.'

FILÁN-FALÁN
Ֆիլան-ֆալան
Ceci et cela. Et cetera.

Turc : *Filan falan* = 'ceci cela'…

FILÁN-FıSTıKH
Ֆիլան-ֆըստըխ
Dans notre dialecte, *falán* était souvent remplacé par *fıstıkh* = 'pistache'

'VÍRA' NOUYN KHıNTÍR-NÈ

Վիրա նոյն խնդիր'նե

C'est toujours le même problème.

L'origine mystérieuse du mot *víra* = 'toujours', utilisé régulièrement par Acabi et sa progéniture, reste inexplicable pour moi. J'ai cherché dans toutes les langues voisinantes, mais n'ai jamais réussi à trouver une source linguistique crédible, ayant une signification proche de 'toujours.'

KHABAR TCHÈ!

Խապար չէ

Il n'en a aucune idée.

Arménien : *tchè* = 'n'est pas'

Arabe : *khabar* = 'nouvelles' ou 'actualités' mais dans cette tournure de phrase, le nom devient un adjectif indiquant 'être au courant des nouvelles.'

MENK MEZI

Մենք մեզի

Entre nous

Après plusieurs soirées où la maison était pleine de monde et où toute la famille s'est occupée de servir et de divertir leurs invités, nous étions soulagés de passer la soirée *menk mezí*, c'est-à-dire en famille.

KHAKHVÈN TACH-MÍCH EGHAV
Խախվէն թաշմիշ էղաւ
Le café a débordé

Le café turc (arménien, grec, ou arabe, etc.) faisant partie intégrante de la vie quotidienne dans notre foyer, il était tout naturel que nous utilisions le mot turc *taşmış* ('débordement') pour désigner ces fréquentes mésaventures, où une seconde d'inattention faisait déborder le café bouillonnant, propulsant une gerbe d'étincelles au-dessus des flaques boueuses de café sur le réchaud.

La justesse de l'onomatopée est indiscutable : *Tach... MICH!!!*

Khakhvè est la façon dont ils prononçaient *kahve*, le mot turc pour 'café', lui aussi dérivé de l'arabe : *qahwa* (قهوة)

Lorsqu'il y avait du monde à la maison et qu'il fallait passer un cran dessus du niveau de langue, on utilisait le mot arménien pour café: *sourdj (սուրճ)*.

États physiques et psychologiques

132 HELBET HASKıTSÁN
Հէլպէթ հասկցաւ
Bien sûr qu'ils ont compris

Kurde: *helbet* = 'bien sûr'

133 DOUNı DAKNı VıRÁ TSıKÈTS
Տունը տակնը վրայ ձգեց
Il a laissé la maison dans la pagaille

Arménien :
dak-nı = 'par-dessous'
vırá = 'dessus'
dak-nı-vırá = 'sens dessus dessous'
dounı = 'la maison'
tsıketsín = 'ils ont laissé'

VAKHÍT CHOUNÍM.

Վախիթ չունիմ

Je n'ai pas le temps.

Turc : *vakhít*, prononciation régionale de *vakít* = 'temps,' dérivé de l'arabe *waqt* (وقت) = 'temps')
En arménien 'temps' est *jamanág*.

BARAP DÈGHı YEGÁV

Պոշ տեղը Պարաք տեղը Եկալ

Il/elle est venu·e pour rien.

Arménien : *barap* = 'vide'
dègh = 'lieu'
'Lieu vide' signifie 'pour rien'
Variante avec le turc : *boş* = 'vide'
Boş deghı yegáv = 'Il est venu pour rien'

136 BAMMıN-ALTCHı-HASKıTSÁV

Պամ մըն ալ չհասկցաւ

Il n'a rien compris.

Traduction mot-à-mot : 'Même (une) chose il n'a pas compris'

bam-mı = 'une chose'

tchı-haskıtsáv = '(il) n'a pas compris.' (Voir item #65)

Arménien : *al* = 'aussi.'

Ici, *al* signifie 'même.'

137 ABOUKH SOUBOUKH BAM-Mı-NÈ

Ապուխ սուպուխ պամ մըն է

C'est quelque chose d'insensé.

Turc : *abouk soubouk* = 'non-sens'

> **Gı NAÏS TE...** Կը նայիս թէ
> **Gı NAÏS KI...** Կը նայիս քի
> **+ proposition**
> Ne t'étonne pas si...

Exemple: **Gı naïs ki chounı hedernín gı berèn.**

Ne t'étonne pas s'ils amènent le chien avec eux.

Ici la formule *Gı naïs ki*, qui veut dire littéralement: 'tu vas voir que...' fonctionne comme une mise en garde.

Arménien : *Gı naïs...* = 'tu vas voir...'

Turc : *...ki* = 'que'

Le verbe *naïs* (infinitif *naèl*) peut signifier à la fois 'regarder' ou 'voir.' Quand une phrase est précédée par la formule 'tu vas voir que...', cela indique que quelque chose d'indésirable pourrait très bien se passer.

139

ALTıKH TCHAPı ANTSOÚTS

Ալդրիս չափը անցուց

Finalement, elle a dépassé les limites.

C'est à dire qu'elle est allée trop loin.

Dans l'armenien d'Acabi, le mot turc *artık* ('finalement') se prononce *altıkh*.

140

KAKı GUERÁV!

Քաքը կերավ

Il s'est foutu la merde !

Se dit d'une personne qui s'est mise dans le pétrin.

NOMS DE LIEUX

OU

D'OBJETS INANIMÉS

> **141**
>
> **DADJÍK** Տաճիկ.
> Turc
>
> **DADJGASTÁN** Տաճկաստան.
> Turquie, Azerbaïdjan, toute région turcophone.
>
> **DADJGA-HÁÏ** Տաճկահայ.
> Arménien occidental, Arménien originaire d'Anatolie ou d'une partie de la Turquie actuelle. (Synonyme: 'Tourkahaï').
>
> **DADJGA-HAÏERÈN** Տաճկահայերէն.
> La langue arménienne occidentale ou turco-arménienne.

Quand Acabi parlait de la Turquie ou des Turcs, elle utilisait rarement le mot *Tourk*, le nom arménien d'usage commun, mais plutôt un nom plus ancien qui désignait l'ensemble du monde turc, les *Dadjík*. Un terme qui, de manière ironique, fait référence à un peuple iranophone, et non pas turcophone. Curieusement, le /d/ initial du mot *Dadjik* est la variante voisée du /t/ de *Tadjik*, langue officielle du Tadjikistan. Or le Tadjikistan est la seule république d'Asie Centrale où la langue officielle n'est pas du groupe des langues turques. Les Tadjiks parlent un dialecte persan, d'origine indo-européenne et sans aucun parenté avec les tribus turcophones. Ce qui est remarquable c'est que malgré la présence de tous les peuples turcophones de la région : Kazakhs, Ouzbeks, Azéris, Turkmènes, Kirghizes, pour n'en citer que quelques-uns, les arméniens aient choisi le nom d'une culture iranienne pour désigner le monde turcophone.

BOLÍS Պոլիս.
Istanbul, Constantinople

BOLSETSÍ Պոլսեցի
Un habitant d'Istanbul.

BOLSAHAÏ Պոլսահայ
Un arménien d'Istanbul

BOLSAHAÏERÉN Պոլսահայերեն.
Le dialecte arménien d'Istanbul

Bolis est la prononciation arménienne du mot grec *polis* = 'ville.'

Pour la plupart des Arméniens de l'époque romaine, Constantinople était en effet la capitale des empires grec, byzantin, puis ottoman : la 'Ville' centre du monde. Pendant des siècles des jeunes Arméniens d'Anatolie y immigraient, envoyés par leurs familles afin d'étudier, de réussir et de réaliser le potentiel de leur progéniture. Les Arméniens qui ont élu domicile là-bas de manière permanente ont grandement contribué aux merveilles architecturales, artistiques et intellectuelles qui ont fait de *Bolis* l'une des plus belles villes du monde.

DOUNı MÁSMAKOUR È

Տունը մաս-մաքուր է

La maison est impeccable.

makour = 'propre'

másmakour = 'impeccablement propre'

Pour passer de 'propre' à 'impeccable,' on rajoute *más* devant *makour*.

Il s'agit d'un phénomène linguistique propre aux langues turques, qui s'appelle « la réduplication emphatique. »

Pour certains adjectifs, la forme emphatique se forme en attachant un préfixe composé devant l'adjectif. Cette syllabe rajoutée commence avec les deux premières lettres de l'adjectif. En *dadjgahaïerèn*, on y rajoute un /s/ ou un /p/ final. Cette particule composée devient la première syllabe de la forme emphatique de l'adjectif.

Donc le préfixe emphatique pour *makour* est formée ainsi :

MÁ–KOUR => MÁ + S => MÁSMAKOUR

Le même procédé, emprunté à la grammaire turque, est utilisé pour décrire l'intensité des couleurs.

Exemple :

Garmír կարմիր rouge

Gás-garmír Կաս-կարմիր rouge brillant

Gaboúyt կապույտ bleu

Gáp-gaboúyt Կապ-կապույտ bleu brillant

Teghín դեղին jaune

Tèp-teghín Դեպ-դեղին jaune brillant

Ganántch կանանչ vert

Gáp-ganántch Կապ-կանանչ vert brillant

Djermág ճերմակ blanc

Djèp-djermág Ճեպ-ճերմակ très blanc

Sèv սեւ noir

Sèp-sèv Սեպ-սեւ très noir

Autres exemples :

Táts թաց humide
Táp-táts Թափ-թաց très humide
Nor nouveau
Nop-nor Նոփ-նոր tout nouveau
Variante : **Nopız-nor Նոփզ-նոր** tout nouveau
(Je ne saurai vous expliquer d'où vient cette variante bizarre!)

145

BILLORÍ BÈS

Պիլլորի պէս

Brillant comme du cristal

Arabe: *bilora* = 'cristal' (بلور)

146

VOTKÍ AMANNÈRıS

Ոդքի ամաններս

Mes chaussures

Littéralement: 'mes pots de pied'
Arménien : *aman-ner* = 'pots'

KHOUTI-ÍN METCHı DIR!

Խուդիին մէչը տիր

Mets-le dans la boîte!

Arménien : *dir!* = variante phonologique dialectale de *tir!* = 'mets!'

Turc : *kutu* = 'boîte' => Arménien : *khoutí*

(Transformation phonologique à comparer avec le turc *kuzu* = 'agneau', qui devient *khouzí (խուզի)* = 'agneau' dans notre dialecte arménien.)

Le mot arménien pour boîte est *doup (տուփ)*.

PLAINTES

148

INDZI DOGH MI HANER!

ինձի աղդ մի հաներ

Ne me fais pas peur!

Littéralement: 'Ne me fais pas frissonner'
Arménien : *dogh* = 'frisson'

149

DAHA BETÈR

Տահա պետէր

Encore pire

Curieusement, le *betèr* turc = 'pire'

MOUKHıS MARETSÁV.
Մուխս մարեցաւ
Je suis épuisé.

Littéralement, 'Ma fumée est éteinte.'

> ## 'ÍLLÈ' ÍNKı GOUZÈ-GOR ViDJARÈL
>
> Իլլէ ինքը պէտք է վճարէ
>
> 'À tout prix' il insiste pour payer.

Lorsqu'une personne doit absolument faire ce qu'elle veut, on qualifie son insistance avec l'adverbe *íllè*, ce qui signifie 'à tout prix' en turc. L'utilisation de *íllè* suggère également que le locuteur n'apprécie pas l'entêtement de la personne en question.

KHAFÁS OURETZOUTZ

Խաֆաս ուռեցուց

(Il/Elle) m'a gonflé la tête.

Désigne l'effet d'écouter quelqu'un de trop bavard.

Turc : *khafá* = 'tête' + *-s*, le suffixe première personne possessif => *khafás*

ONDÁN-DıR

Օնտանտրը

C'est à cause de « cela »…

J'entendais souvent les personnes âgées qui vivaient dans le *dzèranots* (maison de retraite arménienne) à Los Angeles, se plaindre de leurs divers maux et douleurs. Ils aimaient hausser les épaules en poussant un soupir, puis répéter la formule turque à la mode « *Ondán-dır* » = 'C'est à cause de « cela.»'

Turc : *ondán* = 'de cela' ; *dır* = 'est'

Il était universellement entendu que dans cette formule « cela » voulait dire 'vieillir.'

G'ERTÁS G'ERTÁS CHı LıMıNNAR! [154]
Կ'երթաս կ'երթաս չը լմննար
On roule, on roule, ça ne finit jamais!

Une plainte fréquente lorsque les enfants (ou les arrière-grands-mères) sont restés assis trop longtemps dans la voiture et ne peuvent plus attendre d'arriver à destination.

> **155**
>
> **ERTALı KALı MEG EGHAV**
>
> Էրթալը գալը մէկ եղավ
>
> Son arrivée et son départ
> se confondaient.

Littéralement, « Son départ et son arrivée ne faisaient qu'un. » Il s'agit d'une personne qui a « sous-estimé » son accueil et qui est partie trop tôt.

TEVERıS SANDAL ıRÍ!

Թելերս սանտալ ըրի

J'ai transformé mes bras en barques!

Une plainte courante quand on a fait tout le travail pour les autres.

C'est une autre manière de dire « Ne voyez-vous pas tout ce que j'ai fait pour vous? »

SAPıTMISH EGHÁV!

Սափրթմիշ Եղայ

C'est parti en vrille!

Turc : *sapıtmış* = 'détraqué'

KHıZMET!

Խզմէթ

Destin! (euphémisme pour les Travaux ménagers!)

Le sens littéral de *kismet* en turc est 'fortune' ou 'fatalité.' Lorsque les tâches ménagères semblaient interminables et écrasantes, les aînés de notre famille soupiraient suffisamment fort pour que tout le monde puisse entendre: « *Khızmet!* », comme pour rappeler à tous que le labeur quotidien était leur lot dans la vie.

HELLÂK EGHÂ

Հելլաք Եղայ.

Je me suis épuisé·e

Au sens figuratif : 'Je suis détruit·e'
Turc : *helak* = 'destruction'

> **HOSDEGH MINCHEV YÈP BEKLÈ'ENK BIDI?**
>
> **Հոստեղ մինչեւ ե՞բ պեքլէենք պիտի**
>
> Combien de temps allons-nous attendre ici?

Turc : *beklè-mek* = 'attendre'

Arménien : *-enk* = suffixe de la 1ère personne du pluriel

Beklè-enk bidi = 'Nous devons attendre'

Sur le plan linguistique, il est intéressant de noter combien naturellement un suffixe arménien s'attache à la racine d'un verbe turc, bien que les deux systèmes grammaticaux soient si éloignés l'un de l'autre.

Acabi préférait utiliser le verbe turc *beklèmek* au lieu du verbe arménien *ıspassèl* ('attendre'). Peut-être avait-elle l'impression que la sonorité du verbe turc traduisait mieux la monotonie ressentie par une attente apparemment sans fin. Les autres mots de la phrase sont arméniens, avec le verbe turc conjugué en arménien, à la première personne du pluriel.

> **161** **INDZÍ TÁÁÁÁKH YOKHOUCHÍN TEPÈN DARÀV.**
>
> Ինձի թաաաա՛խ եօխուշին թեփեն տարաւ
>
> Il m'a emmené 'si-i-i-i-i-i' loin, jusqu'au sommet de la pente

Turc : *yokhouch* peut signifier 'pente, inclinaison, ou colline'

tepè = 'sommet, crête, pointe'

Grec : *taaaaakh* (ταας) peut être traduit en français par 'siiiiii'. Il s'agit essentiellement d'une onomatopée qui reflète l'intensité de l'expérience.

ASHKHARÍN TÁÁÁÁKH ANTI-Í DZARı DARÁV!

Աշխարին թաապս անդիի ծարը տարավ

Il m'a emmené siiiii loin à l'autre bout du monde!

Plainte lorsque quelqu'un a pris un chemin péniblement long et détourné pour se rendre quelque part. Le *táááákh!* est le marqueur caractéristique de ce dialecte.

AD AL BÁM Mı ıLLÁR
Ատ ալ պամ մը ըլլար
Il n'y a pas de quoi se féliciter

En d'autres termes, l'objet ou la situation en question n'a pas d'importance réelle.

Ատ ալ = *ad al* variante phonétique de *aïd-nal* = 'cela aussi'

Littéralement 'Que cela aussi fût quelque chose.'

L'équivalent français le plus proche serait 'Et alors? ...pas de quoi se féliciter!'

Tout comme de nombreuses populations méditerranéennes ou proche-orientales, les Arméniens aiment se moquer des individus qui se prennent eux-mêmes ou qui prennent leurs réalisations trop au sérieux.

ALTıKH BEKLÈ'ELÈN BıKHMÍCH EGHÁ

Ալտրիխ պեկլէելէն պխմիշ էղայ

J'en ai déjà assez d'attendre !

Tous les mots sont turcs, sauf arménien : *èghá* = 'suis devenu' : prétérit de la première personne du verbe 'être', qui se place à la fin de la phrase.

Nous revenons encore à des mots turcs: *altıkh* (*artık*) (voir item # 139) ; *bıkmış* (voir item #8).

INTERJECTIONS

165

KHELKÍS GOUKÁ!

Խելքիս կուգայ

Je n'en reviens pas!

Ou bien « Non, mais vous plaisantez? »
Traduction proche : 'Ça m'attaque l'esprit!'
Littéralement 'ça vient sur mon esprit! '
Gou-ká = 'ça vient'
Khelk = 'esprit'

166

KHENTENALÍK BAM Mı NÈ!

Խենթանալիք պամ մրն է

C'est de la folie!

Littéralement « C'est à devenir fou! »
Arménien : *khent* = 'fou'

KAVOÚY!

Քա վույ

Waouh!

KHIYÁKH BAN!

Խիյախ պան

Quelle chose extraordinaire!

'*Khiyákh!*' prononcé tout seul est l'équivalent de 'Waaaaouh! Extraordinaire! Prodigieux!'

Mais dit sur un ton de mépris, et suivi de *ban* (quelque chose), le mot *khiyákh* devient une réflexion sarcastique sur quelqu'un ou quelque chose auquel les gens accordent trop d'importance.

169

VAÏ VAÏ!!!

Վա՛յ վա՛յ

Eh bien, Regarde-moi ça!

Vaï! = encore une autre forme de 'waouh!'

170

VAÏ AMBIDÁN, VAÏ!

Վայ ամպիտան, վայ

Espèce de fripouille!

Anbidán = 'scélerat, vaurien' - mais peut aussi être utilisé plus légèrement, comme 'petit coquin'.

AMÁN DER ASDVADZ!
Ամա́ն տեր Աստվա́ծ
Oh mon Dieu!

Amán! = 'oh !'
Der Asdvadz = 'Seigneur Dieu'

OHÓ!!!
Oh`o
Oh là là!!!

Interjections **147**

173

AKH YÁ!

Ախ եա

Hélas!

174

BÁBAM!

Պապամ

Par pitié!

Bien que *baba* signifie 'père,' le *-m* final le transforme en 'mon père.' Cette expression est utilisée entre collègues ou amis intimes pour montrer de l'ébranlement, du choc, ou du trouble.

ÖF BÈ!   175

Էո՛ֆ այէ

Ça suffit maintenant!

Ou bien 'y en a marre!' ou encore 'lâche-moi les baskets!'

Turc : *Öf!* = 'Pffff', onomatopée exprimant qu'on en a assez.

HAÏDÈ! / HADDÈ   176

Հայտէ, հատտէ

Allez, on y va!!

Il peut également être utilisé dans le sens de 'On se dépêche!'

TERMES D'AFFECTION

177

ÈVLADıM

Էվլատըմ

Mon petit, mon garçon

Arabe: *walad* (ولد) => Turc: *èvlad* = 'enfant'

178

MANTCHıS

մանչս

Mon enfant

179

DGHÁS

տղաս

Mon garçon, fiston

AGHTCHÍGıS.

աղջիկս

Ma fille, fillette

180

HOKÍS IMÍN!

Հոգիս իմին

Mon chéri!

181

Arménien : *hokís* = 'mon âme'
imín = 'à moi'

YÁVROUS!

Եավրուս

Mon petit, ma petite chéri(e) !

182

Turc : *Yavrou* = 'bébé' + suffixe possessif arménien *-s*

Termes d'affection

183

TSÁKıS!

Ծակս

Mon bébé!

Arménien : *Tsák*, ou *Dzák* = 'le lionceau, le poussin, le chiot, l'agneau, ou tout autre nourrisson nouveau-né' + suffixe possessif arménien -*s*

184

ANOUCHÍGıS

Անուշիկս

Ma douce!

Arménien : *anouch* = 'douce' + -*íg* = diminutive => *anouchíg* = 'petite douce'

ANOUCH-CHEKÈR ıLLÁ

Անուշ շեքեր ըլլայ

Délecte-toi!

185

En gros, cette phrase a le même sens que 'bon appétit,' lorsqu'on s'adresse à un enfant qui mange.

Littéralement: 'Qu'il soit doux comme du sucre pour toi!'

BOYıT BOSSıT SIREM!

Պոյդ պոսդ սիրեմ

J'adore te voir grandir!

186

Littéralement, 'J'aime ta taille et ton allure!'

Termes d'affection

GUIDE DE PRONONCIATION

Les mots et expressions de ce livre sont transcrits dans deux alphabets. Chaque mot arménien est translittéré en lettres romaines ainsi qu'en lettres arméniennes.

En règle générale, l'accent tonique tombe sur la syllabe finale des mots, en arménien ainsi qu'en turc, à l'exception de certains mots empruntés à d'autres langues.

Mots traduits en lettres romaines

La lettre « **G** » se prononce toujours comme un 'G' plosive vélaire sonore, (GUIDE, GANT, GOURDE,) et jamais comme un 'J' (GÉRARD, GÍTE) même si elle est suivie d'un 'E' ou d'un 'I.'
Exemple : GÈRÁV (il a mangé) se prononce 'GUÈRAV.'

La lettre « **S** » se prononce toujours comme un double 'S' en français [pousse], y compris quand c'est la dernière lettre d'un mot, ainsi qu'entre deux voyelles.

Exemples : ÈRÈS se prononce [èress] et ASOR se prononce [assor].

La lettre « **R** » est un 'R' roulé, sur la langue, comme le 'R' espagnol ou italien.

Le digraphe « **GH** » se prononce comme le 'R' parisien, grasseyé uvulaire.

Le digraphe « **KH** » se prononce comme la fricative uvulaire sourde allemande [ch], les deux dernières lettre du nom de Johann Sebastien 'BACH' ou le 'ch' de 'AACHEN.'

Le digraphe « **CH** » correspond exactement au [ch] français : [chat, fraîche], même à la fin du mot. *Exemple : Anouch se prononce 'Anouche.'*

« **OU** » se prononce comme en français.

La voyelle « **A** » ou « **À** » est prononcée comme le A du mot 'AMI.'

La lettre « **E** » ou « **È** », se prononce toujours de la même manière, comme le [è] français dans 'père,' qu'elle se trouve au milieu ou à la fin d'un mot. La lettre [E] n'est jamais sourde.

Juste pour faciliter les choses, j'ai rajouté des accents sur les voyelles Á, Í, ou OÙ chaque fois qu'elles prennent l'accent tonique.

La lettre « I » se prononce comme le [I] français. Je mets également un accent sur le Í lorsque la syllabe prend l'accent tonique.

Quant au son qui correspond à la voyelle [ը] de l'alphabet arménien, lequel ressemble au phonème [ə] de l'alphabet phonétique anglais (comme le ['e'] de 'mother'), j'utilise ici la lettre « ı » emprunté à l'alphabet turc, représentée par un « i » sans son point. Ce phonème n'existe pas dans la phonétique française. Il est toutefois courant en anglais, en turc, et en arménien. C'est une voyelle très courte, à peine prononcée, sans ouvrir très grand la bouche. On arrive à le prononcer en essayant de dire [eu] sans arrondir les lèvres, mais en suggérant un léger sourire.

Puisque les lettres arménienne /ը/ et turque /ı/ désignent toutes les deux le même phonème, j'ai choisi d'utiliser partout, par souci de simplicité, la lettre turque /ı/ au lieu du symbole phonétique /ə/ ou la lettre arménienne /ը/.

Alphabet arménien : consonnes

Pour les mots orthographiés en lettres arméniennes, les consonnes doivent être prononcées comme en Arménien occidental. Par exemple, ces consonnes doivent être prononcées comme suit :

/բ/ => /p/ comme 'Paul'
/ք/ => /k/ comme 'Katya'
/դ/ => /t/ comme 'terre'
/կ/ => /g/ comme 'gâteau'
/պ/ => /b/ comme 'Béatrice'
/ճ/ => /tch/ comme 'catch'
/տ/ => /d/ comme 'Daniel

Nota bene :

De nombreux mots écrits en lettres arméniennes sont mal orthographiés. Haig Avakian et moi l'avons fait intentionnellement, car notre objectif était de reproduire aussi fidèlement que possible les variations de prononciation caractéristiques des modes d'expression particuliers de l'arménien d'Acabi.

Ressources en ligne

Vous pouvez écouter la prononciation correcte de chaque phrase en ligne en visitant le lien suivant :

https://bit.ly/m/larmeniendacabi

ou en scannant ce code QR :

REMERCIEMENTS

Un grand merci à **Haig AVAKIAN** qui a osé enfreindre les règles d'orthographe officielles afin de « l'épeler tel quel » dans ses translittérations de l'alphabet arménien.

Merci également à **Yannick ROCHER** pour son aimable participation à la traduction en français, et à **Roubina TABAKIAN** pour sa contribution concernant le dialecte de Konya.

Je te remercie, arrière-grand-mère 'Nènè' Acabi, d'avoir illuminé mes premiers jours de bonheur avec tes chuchotements affectueux, tes prières de bonheur, tes mots rassurants et tes conseils pour un avenir heureux. Toutes tes évocations ont déclenché des nostalgies pour un Bolís qui a aujourd'hui disparu et que je ne pourrai jamais connaître.

Edwin Gerard Hamamdjian est né à Los Angeles en 1948. Après avoir obtenu un diplôme de l'UCLA et un master en littérature française à l'Université de Californie, Berkeley, il s'est installé en France où il a obtenu un doctorat en études théâtrales à l'Université de Paris III, Sorbonne Nouvelle. Metteur en scène plusieurs fois primé, dramaturge et comédien, il a travaillé aux États-Unis, en France, en Italie et en Inde. Il a enseigné dans le département de théâtre de l'Université de Californie du Sud, (USC), de l'UCLA, de l'Université de Paris VIII, ainsi que dans plusieurs cours privés à Paris et à Los Angeles. Il maîtrise plusieurs langues européennes et proche-orientales. Edwin réside actuellement au Caire, en Égypte, où il étudie l'arabe.

Nadia Brugnara est une illustratrice et animatrice 2D qui vit à Paris. Née en 1986 dans un petit village des Alpes italiennes, elle a grandi en parlant le dialecte local, ce qui lui a permis d'entretenir des liens étroits avec ses racines. Après avoir obtenu son diplôme d'animation à Florence, elle a travaillé sur plusieurs séries TV animées italiennes et internationales en tant qu'animatrice et artiste de storyboard. Sa carrière l'a menée dans différents pays, alimentant sa passion pour la narration et l'apprentissage de nouvelles langues.

Édition : BoD · Books on Demand, 31 avenue Saint-Rémy,
57600 Forbach, bod@bod.fr
Impression : Libri Plureos GmbH, Friedensallee 273,
22763 Hamburg (Allemagne)

L'ARMÉNIEN D'ACABI
Dictons et expressions familières en ancien arménien occidental

Copyright © 2025 Edwin Gerard Hamamdjian et Nadia Brugnara

Tous droits réservés. Aucune partie de ce livre ne peut être reproduite par quelque moyen que ce soit - graphique, électronique ou mécanique - sans l'autorisation écrite préalable de l'un des auteurs, à l'exception d'un critique qui peut utiliser de brefs extraits dans le cadre d'une critique.

Contact: acabisarmenian@gmail.com
https://bit.ly/m/acabisarmenian

Couverture, conception du livre et illustrations - Nadia Brugnara

ISBN : 978-23-225-7119-2
Dépôt légal : Mars 2025